LETTRE
SUR
LA NOUVELLE ÉDITION
DE CORNEILLE,
Par M. de Voltaire.

À AMSTERDAM.

M. DCC. LXIV.

LETTRE

AU SUJET DES COMMENTAIRES SUR LES TRAGÉDIES DE CORNEILLE.

UI, Monsieur, je me fais honneur de penſer comme vous. Vous êtes trop connaiſſeur & trop judicieux pour ne pas être ſatisfait des Commentaires ſur les Tragédies de Corneille. Je m'en rapporte d'autant plus à votre jugement, que vos louanges ne ſont point dictées par une flatterie baſſe, ni vos critiques par une jalouſie plus baſſe encore. C'eſt le goût ſeul qui vous éclaire. Vous n'êtes point fait pour augmenter la foule de ces hommes mé-

prifables, qui, trop méchans pour nuire & trop faibles pour éclairer, déchirent avec plaifir les productions du Génie qui les brave, & prônent avec tranfport les Ouvrages de la médiocrité qui les implore.

Je connais le Public. Si un homme ignoré s'avifait de commenter Corneille ou Racine, on ne pourrait jamais le croire capable d'une tâche auffi difficile, & l'on condamnerait fon Ouvrage, avant même de l'avoir lû; & lorfqu'un homme, qui s'eft exercé avec éclat dans la carrière de ces deux grands Poëtes, entreprend cet examen; les remarques qu'il eft obligé de faire, ne font, dit-on, que pour rabaiffer celui qu'il commente. Le premier, en critiquant, paffe pour ignorant; le fecond pour envieux. C'eft ainfi qu'un Auteur marche toujours entre deux précipices.

Vous ne fçavez, dites-vous, par quelle bizarrerie, quand un Ecrivain a une fois percé les ténèbres de l'obfcurité, les Ecrits qu'il donne au Public, quoique fouvent au-deſſus de ceux qu'il a faits, ſont preſque toujours jugés au-deſſous. Je crois en avoir deviné la raiſon. Lorſqu'on annonce un Ouvrage d'un homme qui s'eſt déja diſtingué, notre imagination travaille ; nous nous attendons à être frappés à chaque inſtant par des choſes merveilleuſes. L'Ouvrage paraît, & l'on eſt ſurpris de n'y voir rien que de ſimple, de naturel & de raiſonnable ; notre amour propre qu'il a déja offenſé par un chef-d'œuvre, ne lui fait point grace aujourd'hui. On a reçu ſon coup d'eſſai avec indulgence ; ſon ſecond Ouvrage eſt jugé avec rigueur. C'eſt peut-être à cauſe de la grande réputation de Racine, qu'Athalie, l'un des chef-d'œuvres du Théâtre, ne fut point d'abord reçue favorablement ; mais enfin la voix du goût s'eſt fait entendre, & cette Tragédie immortelle eſt miſe au rang qu'elle devait occuper. Le tems ſeul donne à tout ſon véritable prix.

Il en ſera de même des Commentaires ſur les Tragédies de Corneille. L'on commence par défapprouver avec aigreur, & l'on finira par admirer le goût, l'érudition & la juftefle des remarques de cet examen. C'eft le fort des bons Ouvrages d'être combattus d'abord. Le Cid, Athalie, le Tartuffe & Mahomet ont eu au commencement un fuccès bien contredit, & ils pafsent aujourd'hui pour des chef-d'œuvres.

Vous paraiffez étonné, MONSIEUR, que l'on puifse comparer Corneille avec Racine. Je fens comme vous que ce dernier eft fupérieur à l'autre. Que voulez-vous? Dès que les Français ont adopté un préjuge, ils ne s'en défont pas aifément; mais à force de leur dire qu'ils font dans l'erreur, leurs yeux s'ouvrent & ils font furpris de les avoir eu fi long-tems fermés. Lorfque Corneille parut, il était jufte de vanter avec entoufiafme celui qui nous tirait de la barbarie & qui changeait la face de la Litterature; on fait auffi quelles traverfes ce grand Homme a effuyées. L'amour-propre nous guide prefque toujours dans nos actions & nos jugemens. On fut charmé, dès que Racine se mit sur les rangs, de mortifier Corneille en lui faisant sentir que le jeune Poete pouvait le balancer, mais on ne voulut pas donner à Racine la satisfaction de lui apprendre qu'il l'emportait sur le créateur de notre Théâtre. Le préjugé dure encore. L'Auteur des Commentaires vient de secouer le joug; mais un sentiment, qui contredit nos idées reçues, offense nos superbes oreilles. Il est bien singulier que les hommes deviennent nos ennemis, lorsqu'on n'est pas du même sentiment qu'eux. On a beau leur dire ; *c'est pour votre bien que je vous dis la vérité : je ne veux point que mon sentiment vous serve de loi ; je vous laisse les maîtres de l'adopter.* L'amour-propre se révolte, les esprits s'échauffent & l'on s'éléve contre celui qu'on devrait admirer. Il est bien triste qu'il faille renoncer, ou à faire connaître la vérité aux hommes, ou à leur plaire. Fontenelle avait bien raison de dire que s'il tenait les vérités dans sa main, il se garderait bien de l'ouvrir pour les leur montrer.

Comme pere du Théatre, Corneille mérite un rang distingué parmi les Auteurs Dramatiques, mais je ne sai si on devrait le mettre à leur tête. Quelques éclairs de Génie, quelques scenes supérieures, même un bel Acte, n'ont jamais fait une belle Tragédie. Si l'on donne la préférence à Corneille sur Sakespear, parce que Corneille est plus parfait, pourquoi ne veut-on pas que Racine, le plus parfait des Poetes, l'emporte sur Corneille? Enfin je ne crains point de le dire; Corneille est presque toujours hors de la nature; il péche trop souvent contre la Langue, le Goût, la Vérité, & sur-tout contre l'intérêt. Il est vrai qu'il s'éléve souvent, mais il est bien facile au Génie de s'élever, quand il n'est point arrêté par le goût. Corneille raisonne toujours, il pense quelquefois, mais presque jamais il ne sent; & au Théâtre le sentiment & la passion sont préférables à tout. Racine, au contraire est toujours dans la plus grande vérité. Ses Acteurs parlent toujours avec noblesse, avec pureté & avec élégance. Leurs discours sont toujours poétiques, & le Poéte ne paraît jamais. Quelle sagesse, quelle adresse dans la conduite de ses Piéces! personne a-t-il jamais mis plus d'art dans ses Ouvrages? Quels charmes dans sa diction & dans ses tours! Presque toutes les Piéces de Racine étonnent par leur perfection, & Corneille n'a pas un Ouvrage qui soit parfaitement beau. A-t-on jamais préféré un éclair brillant qui sort d'une nuit profonde, à cet astre étincelant, qui, dans sa course noble & majestueuse, répand la lumiere sur tous les objets. Racine avait en goût ce que Corneille avait en génie. Corneille manquait absolument de goût, ce présent de la nature bien plus rare qu'on ne pense, & l'on ne peut pas dire que Racine manquait de génie. Il est à remarquer que tous les Partisans de Corneille n'ont jamais eu que de foibles succès dans la carriere des Lettres, & que les Admirateurs de Racine y ont toujours obtenu un rang diftingué. C'eft que le Génie fe fait connaître indifféremment à tous les hommes, & que le Goût ne fe fait fentir qu'à ceux qui en ont, & qu'avec cet avantage l'on ne s'égare jamais.

Cependant je l'avouerai, Corneille avait fans doute reçu de la nature un génie plus fier, plus élevé, plus vigoureux que Racine, & s'il était venu plûtard, il aurait peut-être atteint le dégré de perfection où fon rival eft parvenu. Mais il faut le juger tel qu'il eft & non tel qu'il aurait pû être. Ces confidérations, pendant qu'il vivait, auraiént dû le faire admirer davantage, mais lorfqu'il n'eft plus, elles doivent ceffer. La poftérité n'a point égard à toutes ces raifons; & c'eft au meilleur Ouvrage & non au plus ancien qu'elle accorde la préférence. Le dernier fiécle n'a pas balancé à préférer Virgile pour le ftyle, & le Taffe pour le plan à Homère, ce pere de tous les Poetes.

Quelques perfonnes regardent le ftyle comme la moindre partie d'un Ouvrage, & cependant c'eft la feule chofe qui en faffe fupporter les défauts. L'on trouve le plan de la Pucelle de Chapelain très-régulier, & perfonne, je crois, ne s'avife de la lire deux fois. On ne fait pas réflexion qu'aucun Ouvrage de l'antiquité n'eft pas parvenu jufqu'à nous fans qu'il foit très-bien écrit. L'on fait par cœur Virgile, Horace & les beaux morceaux d'Ovide, & à peine lit-on Lucain, qui certainement n'eft pas fans mérite. Zaire & Inés font peut-être au Théâtre les deux Piéces les plus pathétiques. L'on ne fait pas un vers de l'Ouvrage de la Motte, & tout le monde, jufqu'au commun des hommes, récite des tirades de Zaire. Le ftyle n'eft donc pas auffi inutile qu'on le prétend au fuccès d'un Ouvrage?

Il me refte à dire un mot de la fimplicité dans le ftyle que quelques Ecrivains ont confondue avec la négligence & la facilité. Un ftyle dénué de graces, de naturel, de sentiment, de coloris, n'est point un style simple. Racine est simple, vrai, naturel & plein de grace. Campistron est facile, négligé & froid. Il faut que la simplicité soit agréable. On se moqueroit d'un peintre qui, n'ayant dessiné qu'un Squelette, se vanterait d'une belle simplicité.

L'on a vû aussi des exemples de Tragédies dont la marche était simple, quoique l'action ne le fût pas. La simplicité est le véritable sçeau de la grandeur, comme elle est aussi le vrai symbole de la sotise. Des Personnages peuvent être violemment agités par des passions, & agir avec simplicité?

Le sujet le plus simple, selon moi, est celui d'Iphigénie en Tauride. C'est le comble de l'art, c'est l'effort du génie d'intéresser, de plaire & d'émouvoir avec simplicité.

Vous avez lû les Commentaires, Monsieur, & vous ne concevez pas quels reproches on peut faire à leur illustre Auteur.

Je vais vous inſtruire de ceux qui ſont venus à ma connaiſſance, & il vous ſera aiſé de les détruire d'une maniere triomphante.

Mais comme il ne me convient point de prendre la défenſe de ce célébre Editeur, je ne ferai que répéter ce qu'il dit lui-même dans ſon Livre. Ce ſera lui qui ſe juſtifiera.

1°. On lui a reproché qu'il s'était un peu trop étendu ſur les Notes grammaticales ; mais on oublie que le principal but de l'Auteur, comme il le dit lui-même, a été d'inſtruire les jeunes gens & les Etrangers qui, éblouis par la réputation de Corneille, pourraient adopter ſes fautes. Les vrais connaiſſeurs n'ont autre choſe à lui reprocher ſinon de n'avoir pas pouſſé plus loin un examen auſſi néceſſaire pour fixer la Langue , & pour en faire celle de tous les Pays; mais ils ont vu qu'il n'a été arrêté que par la crainte d'étouffer le texte ſous les notes.

2°. On aurait deſiré qu'il eût examiné

plus en grand les Tragédies de Corneille ; mais ne dit-il pas à chaque inſtant : cette Scène eſt adraite ; celle-ci eſt fraide & languiſſante ; cet Acte eſt de toute beauté ; cet autre eſt inutile & poſtiche ; tel Perſonnage ne dit point ce que ſa ſituation & ſon caractere exigent qu'il diſe. Ici , la Scène eſt vuide ou fauſſe ; là , l'action eſt compliquée & obſcure. Enfin qu'auroit-on voulu qu'il eût fait ? Aurait-on voulu qu'il eût refondu les Pieces de Corneille , & qu'il les eût rendues parfaites ? Non certainement. Et de bonne foi, ſon examen ne s'étend-il que ſur des détails ?

3°. On a trouvé mauvais qu'il oppoſât ſans ceſſe Racine à Corneille. Ce paralléle , dit-on , n'aurait point dû entrer dans le plan de ces Commentaires.

Le Public a coutume de comparer ces deux grands Hommes ; & ceux dont le goût n'eſt pas aſſez ſûr pour ſentir tout le mérite de Racine, donnent la préférence à Corneille, en ne regardant l'Auteur de Phedre que comme un ſimple verſificateur ; le Commentateur a voulu venger Racine d'un jugement auffi injufte. Rien d'ailleurs, comme il le dit lui-même, ne fert tant à former le goût que de comparer enfemble deux Auteurs célebres.

4°. On l'a enfin blâmé d'avoir entrepris cet Ouvrage au profit de la niéce de Corneille, & d'avoir traité l'oncle avec trop de féverité. On l'aurait bien plus blâmé, s'il n'avait fait qu'un fade panégyrique. Et de quelle utilité aurait été fon travail aux gens de Lettres ? Qui ne connaît pas les beautés de Cinna, du Cid, de Rodogune, de Polieuête ? Avait-il befoin de les faire remarquer ? Nous voyons tous les jours une foule d'entoufiaftes de Corneille foutenir que fon ftyle n'eft point défeêtueux : ils ne voyent que fes beautés, & s'aveuglent fur fes défauts ; & le vulgaire des Leêteurs qui ne jugent jamais que d'après les autres, prennent pour des beautés, ce qui n'eft que des imperfeêtions.

Mais le plus grave de tous les reproches qu'on a faits à l'Auteur des Commentaires, c'eſt d'être jaloux de la gloire de Corneille, & d'avoir mis tout en uſage pour les rabaiſſer. Ce reproche eſt ſûrement le moins fondé & le moins vraiſemblable. Le motif ſeul, qui lui a fait entreprendre un travail auſſi immenſe & auſſi rebutant, devrait impoſer ſilence à l'envie & déſarmer la calomnie.

A-t-on jamais ſoupçonné Racine le fils d'avoir été jaloux, lorſqu'il entreprit de commenter, preſque toujours avec goût & ſouvent même avec ſévérité, les Tragédies de ſon illuſtre Pere ? Son Livre très-eſtimable & trop peu lu aurait dû lui obtenir une place à l'Académie Françaiſe : mais Racine le fils n'avait point couru la carriere du Théâtre, & l'on ne penſa ſeulement pas à lui imputer aucune mauvaiſe intention.

Oui, j'oſe le dire, perſonne n'a plus rendu juſtice à Corneille que ſon nouvel Editeur. Ouvrez le Livre, vous y verrez à chaque page que Corneille y eſt appellé le Créateur du Théâtre, & y eſt mis au rang

rang des génies du premier ordre. Vous y verrez que personne avant lui ne savait ni penser avec force ni s'exprimer avec noblesse. Vous y verrez que le Commentateur n'attribue les beautés de Corneille qu'à son génie seul, & rejette ses défauts sur le goût de son siécle. Vous y verrez que les critiques les plus séveres y sont accompagnées d'un correctif. *Je ne peux*, dit-il, *ni augmenter, ni diminuer la réputation de Corneille. Il faut*, dit-il ailleurs, *qu'il ait bien du mérite, puisqu'avec tant de défauts, il nous plaît encore. La variété*, dit-il encore dans un autre endroit, *est la plus grande preuve du génie*. Est-ce ainsi que s'exprime l'envie ?

Faire remarquer avec autant de justesse que de sévérité des défauts réels dans les Ouvrages d'un Auteur, employer souvent de l'adresse à le justifier, ce n'est sûrement pas être jaloux de lui ; mais rendre ridicules ses plus belles pieces, mais ne faire remarquer que ses fautes sans rendre justice à son mérite, mais lui supposer ma-

B.

lignement des défauts, mais ne point prouver ses remarques, & terminer une critique aussi peu approfondie par un jugement faux, injurieux & tranchant; c'est-là, si je ne me trompe, le véritable langage de l'envie ; c'est-là la maniere dont se servent malheureusement avec trop de succès ces Auteurs faits pour l'obscurité qui sont connus plutôt par les hommes qu'ils attaquent, que par la maniere dont ils le font, & qui par leur méchanceté obtiennent une réputation qu'ils croyent devoir à leurs talens.

Si dans l'Auteur des Commentaires on suppose de la jalousie contre la gloire de Corneille, on devrait à bien plus forte raison lui en supposer contre celle de Racine; mais il parle de l'Auteur d'Athalie avec tant d'éloges, qu'il n'est pas possible de lui soupçonner une pareille intention. A-t-on pensé qu'il croit tirer plus d'avantage de concourir avec Racine qu'avec Corneille, lui qui parle si modestement de lui-même, lui qui publie avec tant de bonne foi qu'il faut bien se donner de garde de comparer personne à Racine ? Quiconque a l'ambition de regner seul, ne s'avise pas de détrôner un Roi pour en élever un autre à sa place. Se peut-il d'ailleurs que l'Auteur de la Henriade, de la Pucelle, de Brutus, de Mahomet, de Zaire, d'une foule de Pieces fugitives charmantes, dont nous n'avions pas de modeles ? Se peut-il que le Pere de tant de chef-d'œuvres immortels, ait recours à une pareille ressource pour augmenter sa réputation ? Il sçait trop bien que quelqu'adresse qu'on mette à déguiser son caractere, il perce toujours à travers le masque, que tôt ou tard le tems déchire les voiles imposteurs qui cachent la vérité ; que les cabales & les intrigues cessent, & que la Postérité couvre d'un opprobre éternel ceux qui en ont été les objets.

Enfin, Monsieur, vous convenez avec moi que les Commentaires de Corneille sont remplis de goût, d'érudition & de vérité. Vous les regardez comme la meilleure Poëtique que nous ayons, & vous défiés le Cenfeur le plus févere d'y trouver une feule remarque qui foit fauffe & inutile.

On me dira fans doute qu'il ne convient point à un homme auffi obfcur que moi de juger des Auteurs tels que Corneille & Racine : mais je ne les juge point. Je dis feulement ce que l'un & l'autre me font éprouver, & je me fens d'autant plus porté à dire mon fentiment, qu'il eft conforme à celui d'un homme dont l'autorité doit faire loi en matiere de goût & de littérature. Depuis quand un Soldat incapable de conduire une Armée, ne peut-il remarquer les fautes d'un habile Général ? Il ne faut pas être Rubens pour juger d'un Tableau de Raphael. Nous avons tous un cœur, des yeux, des oreilles, & c'eft aux Muficiens, aux Peintres & aux Poetes de tâcher par leurs talens de réveiller en nous la nature qui dort au fond de notre ame ; s'ils ne peuvent nous émouvoir, ils ont manqué leur but. Il eft permis à un homme qui n'eſt point touché d'un Ouvrage que les connaiſſeurs admimirent, de dire, cet Ouvrage ne me fait point impreſſion.

Je ſuis juſte & je ne ſuis point enſouſiaſte. En admirant Racine, je ne ferme point les yeux ſur ſes défauts, & ce même amour pour la vérité qui me fait avouer hautement que Corneille avec un génie fier & ſublime, eſt bien moins naturel, bien moins vrai, & bien moins parfait que Racine, me fait encore avouer que Racine à ſon tour le plus artificieux & le plus enchanteur des Poètes, n'a point dans ſes Ouvrages une marche auſſi rapide, des ſituations auſſi tragiques & auſſi patétiques, des perſonnages auſſi variés, & un but auſſi philoſophique que l'Auteur de Mahomet, de Zaire, d'Alzire, &c. Je ne crains point d'être contredit par qui que ce ſoit.

Si je parle avec tant de hardieſſe, c'eſt que je préfére la vérité à tout. L'on me reprochera ſans doute de n'avoir écrit que pour flatter l'Auteur des Commentaires ;

mais l'on se trompe; non-seulement je ne le connais point personnellement, mais même je ne signe point cette Lettre, afin qu'il ne m'en sache aucun gré. Je dis ce que je pense, & je ne pense que ce que je dois dire. Ce qui me console, c'est que du moins on ne pourra jamais avancer que je suis aussi jaloux de la gloire de Corneille, puisque je n'ai jamais couru la carriere de ce grand homme. Enfin je ne suis que l'écho du petit nombre des Connaisseurs qui parlent davance le langage de la postérité, & dont le jugement immuable assigne aux talens leur véritable place.

P. S. J'oubliais de vous dire, Monsieur, que M. de Voltaire a souscrit pour deux cens Exemplaires; que le Roi & l'Impératrice de Russie ont souscrit chacun pour autant, & qu'ils en ont chacun fait présent de cent cinquante au Pere de Mademoiselle Corneille.

www.ingramcontent.com/pod-product-compliance
Lightning Source LLC
Chambersburg PA
CBHW070523050426
42451CB00013B/2825